CARLSEN-Newsletter
Tolle neue Lesetipps kostenlos per E-Mail
www.carlsen.de

© 2023 Carlsen Verlag GmbH
Völckersstraße 14 – 20, 22765 Hamburg
Originalausgabe
Text: Katja Reider
Umschlag- und Innenillustrationen: Jennifer Coulmann
Lektorat: Sabine Hannich
Produktionsmanagement: Bettina Oguamanam
ISBN 978-3-551-52173-6

Carlsen-Bücher gibt es überall im Buchhandel oder auf carlsen.de

MIX
Papier | Fördert
gute Waldnutzung
FSC® C002795

Wir produzieren
nachhaltig
• Klimaneutrales Produkt
• Papiere aus nachhaltigen
und kontrollierten Quellen
• Hergestellt in Europa

Katja Reider

Jennifer Coulmann

Das
Weihnachtswuschel

Was ist denn da los?

Fiete, der kleine Fuchs, spitzt die Ohren – und würde sie am liebsten

gleich wieder zuklappen: Lautes Gezänk tönt durch den Wald.

So geht das schon seit Tagen. Alle streiten!

Dabei ist doch morgen Weihnachten!

Fiete seufzt … Ob er sich einfach wieder davonschleicht?

Zu spät.

„Da bist du ja endlich, Fiete!", ruft Dachs aufgeregt. „Stell dir vor, niemand will Nüsse für den Weihnachtsschmaus rausrücken!"

„Weil ich meine Nüsse noch brauche!", verteidigt sich Eichhörnchen.

„Leg dir nächstes Jahr doch selbst einen Vorrat an!", ergänzt Maus.

„Hast du **DAS** gehört, Fiete?" Dachs kriegt fast Schnappatmung.

BOING! Da trifft ihn ein Tannenzapfen, mitten auf die Nase!

„Ups! Tschuldigung!" Igel schwenkt seinen Pinsel.

„Du sollst die Zapfen **ANMALEN**, nicht damit werfen!", schimpft Dachs. „Muss ich hier denn **ALLES** alleine machen?!"

„Wieso ‚alleine'?", ruft Hase. „**ICH** schmücke seit Stunden unseren Baum!"

„So sieht er auch aus!", meckert Eichhörnchen. Hase stemmt entrüstet die Pfoten in die Seiten. „Was soll das denn heißen?"

„Vielleicht kann Maulwurf helfen!", wirft Fiete rasch ein. „Wo steckt er denn?"

„Schläft! Wie immer, wenn's Arbeit gibt", mault Dachs.

Dafür streiten die Meisen umso lauter. Fiete blickt nach oben.

„Ich tschilpe am schönsten! Also singe ICH morgen bei der Bescherung!"

„Nein, ich!"

„Nein, ich!"

„Nein …"

Fiete hält sich die Ohren zu.

Eule sucht den Honig für den Weihnachtspunsch. „Raus mit der Sprache:
Wer hat ihn gemopst?", fragt sie und blickt streng in die Runde.

Alle schütteln die Köpfe.

„Hase hatte den Honig zuletzt!", behauptet Dachs.

„Stimmt ja gar nicht! Das war Maus!"

„Frechheit! Ich habe NIE …"

Und schon wieder geht die Zankerei los.

Fiete seufzt traurig. So kann man doch nicht Weihnachten feiern!

Plötzlich stutzt der kleine Fuchs. Was ist das für ein Fiepen?
„PSSST!", macht er. „Horcht doch mal!"
Endlich wird es leise und alle spitzen die Ohren.

„Ich glaube, da weint jemand!", meint Eichhörnchen aufgeregt.

„Es kommt von da drüben!" Igel zeigt aufs Unterholz.

„Kommt, wir schauen nach!", ruft Dachs.
Vorsichtig hält Fiete die Zweige auseinander.

Na so was, da sitzt ja ein kleiner zotteliger Hund! Mitten im Schnee!

„Oh", macht Maus verdutzt. „Der ist ja verwuschelt! Wo er wohl herkommt?"

„Jedenfalls braucht der Kleine dringend Hilfe", meint Fiete.

„Und Wärme", ergänzt Eule.

Tatsächlich zittert das Wuschel vor Kälte.

„Kommt, wir machen schnell Feuer!" Dachs ist schon dabei, Brennholz zu sammeln.

Eichhörnchen und Maus helfen ihm.

Fiete streicht Wuschel vorsichtig den Schnee aus dem Fell, während Hase eilig loshoppelt, um eine warme Decke zu holen.

Wenig später hocken alle um das knisternde Feuer. Wuschel hat aufgehört zu bibbern. Aber dafür hört man jetzt seinen Magen knurren. Und wie!

„Der Kleine hat Hunger!" Erst zögert Eichhörnchen. Aber dann springt es auf: „Ich hole meine Nüsse!"

„Ich auch!" Maus folgt ihm eilig.

Hase bringt Kohl und Kräuter, Dachs ein paar Äpfelchen, Fiete getrocknete Beeren. Und Eule setzt ausnahmsweise schon heute den Weihnachtspunsch auf. Mmh … wie das duftet!

Alle warten, bis Wuschel satt ist, bevor sie selbst zugreifen.

Bald kann der Kleine kaum noch die Augen offen halten.

„Schaut mal", meint Fiete. „Wuschel muss sich ausruhen."

Schon klar. Aber wo?

„Hier!", meldet Maulwurf. „Ich habe eine Kuschelgrube für ihn gebuddelt!"

„Super!", lobt Dachs, alle nicken anerkennend.

Maulwurf strahlt vor Stolz.

Igel bringt ein Nachtlicht. Hase deckt den Kleinen zu. Und die Meisen zwitschern einträchtig Schlaflieder, während der Mond aufgeht.

Eule und Fiete wachen an Wuschels Seite.

Am Weihnachtsmorgen ist Wuschel wieder munter.
Jetzt tapst er unruhig hin und her.

„Was hat er denn?", erkundigt sich Eichhörnchen verwundert.

„Tja, ich denke, Heimweh", meint Fiete.

„Gefällt es Wuschel denn nicht bei uns?", fragt Igel enttäuscht.

„Doch, bestimmt", tröstet ihn Fiete. „Aber Heiligabend möchte eben
jeder zu Hause sein, bei seinen Lieben."

Und wo der kleine Fuchs recht hat, hat er recht.

„Wir wissen doch gar nicht, wo Wuschels Zuhause ist", wendet Hase ein.

„Nun", Eule wiegt den Kopf. „Vermutlich hat er sich ja verlaufen …"

„… und kommt einfach aus dem nächsten Dorf", ergänzt Eichhörnchen.

„Dann sollten wir ihn dahin zurückbringen", sagt Fiete leise, „oder?"

Alle nicken.

Also geht es im Gänsemarsch durch den Wald.

Als die ersten Häuser zu sehen sind, wird Wuschel schneller und immer schneller.

„Unser Kleiner weiß, wo er hingehört!",
sagt Eule. „Stimmt's?"
Wuschel wedelt zustimmend mit dem
Schwanz und schlägt einen Purzelbaum.

Dann hebt er zum Abschied
die Pfote, winkt und saust – hui! –
durch den aufstäubenden Schnee davon.
„Tschüss, Wuschel!" – „Schöne Weihnachten!"
– „Ja, frohes Fest, kleiner Findling!",
tönt es hinter ihm.

Dann wird es für einen Moment
ganz still.

„Das haben wir gut gemacht", sagt Eichhörnchen schließlich,
„alle zusammen!"
Die anderen nicken.

Dachs räuspert sich. „Na kommt, jetzt wollen wir Weihnachten feiern!"

„Alle zusammen?", fragt Igel.

Wie sonst? Fröhlich stapfen die Freunde los.

Nur der kleine Fuchs schaut sich noch einmal um.

Seltsam, Wuschel ist gar nicht mehr zu sehen! Nicht mal seine Spuren im Schnee … Wie ist das möglich?

Fietes Blick wandert in den Himmel – und dann, mit einem Mal, sieht er den Stern. So hell und leuchtend! Hat er ihm, Fiete, eben zugeblinzelt?

Das kann doch nicht sein … oder … etwa doch?

Fiete versteht.

„Danke, Wuschel, kleines Weihnachtswunder", flüstert Fiete.

„Wer immer dich uns geschickt hat …"